Sit & Solve
CRYPTOGRAMS

LESLIE BILLIG

Sterling Publishing Co., Inc. New York

Edited by Peter Gordon

8 10 9

Published by Sterling Publishing Co., Inc.
387 Park Avenue South, New York, N.Y. 10016
Includes material previously published under the title
Mighty Mini Crypto-Quotes
© 1999, 2002 by Leslie Billig
Distributed in Canada by Sterling Publishing
c/o Canadian Manda Group, 165 Dufferin Street,
Toronto, Ontario, Canada M6K 3H6
Distributed in Great Britain by Chrysalis Books Group PLC,
The Chrysalis Building, Bramley Road, London W10 6SP, England
Distributed in Australia by Capricorn Link (Australia) Pty. Ltd.
P.O. Box 704, Windsor, NSW 2756 Australia

Printed in China

Sterling ISBN 0-8069-8865-7

CONTENTS

INTRODUCTION
With Hints for Solving

These cryptograms are quotations in a simple substitution code. Each letter of the quotation has been replaced by another letter. A letter is always represented by the same letter throughout the code. For example:

```
C O D E D   S E N T E N C E S
X L P I P   Y I H M I H X I Y
```

In this code, the C's are represented by X's, the O by L, the D's by P's, etc. The code will be consistent throughout the puzzle, but a different code is used for each puzzle. A letter will never stand for itself. There are a number of things to look for that will help you crack the code. Here are some hints:

A one-letter word is always A or I. In a two-letter word, one letter must be a vowel.

A word with an apostrophe before the last letter is going to end in N'T (as in CAN'T), 'S (IT'S), 'M (I'M), or 'D (SHE'D). Two letters after an apostrophe might be 'LL (WE'LL), 'VE (YOU'VE), or 'RE (THEY'RE).

Certain common words have distinct letter patterns. For example: DID, THAT, NEVER, LITTLE, and PEOPLE.

4

Some words occur over and over simply because they're so commonly written and spoken. Keep an eye out for THE, AND, NOT, YOU, and WITH, for example. In addition, look out for words ending in -ED, -ING, and -TION.

In these puzzles, which get harder as you go, the quotation is followed by the name of the person who said or wrote it. Often the person's name can be figured out, which will give you more letters with which to decode the quotation.

If you get stuck, there is a solving hint for each cryptogram starting on page 80, which will tell you what letter one of the code letters stands for. If you're still stumped, move on to another cryptogram and then go back to the problematic one later. Sometimes all you need is to look at it with fresh eyes.

For me, the best thing about writing this book was rediscovering that cryptograms are *fun*–fun to decode, and fun to uncover the nuggets of wit and wisdom and who said them. I hope you agree.

—Leslie Billig

1 QFL HCVPS

PX V ANSWLCEZK NCJVS;

PQ XQVCQX QFL BPSZQL RNZ JLQ

ZT PS QFL BNCSPSJ VSW WNLX SNQ

XQNT ZSQPK RNZ JLQ QN QFL NEEPGL.

— CNHLCQ ECNXQ

2 COXBX TBX CVK CDGXR DI T GTI'R

ADHX VOXI OX ROKQAU IKC

RNXPQATCX: VOXI OX PTI'C THHKBU

DC, TIU VOXI OX PTI.

— GTBY CVTDI

3 MFX BH BC
MFOK MO CZVL CA SAY,
MO'PO HZBY CA GO DPZXBKS, GIC
MFOK SAY CZVLH CA IH, MO'PO
HUFBWADFPOKBU?

—VBVX CAEVBK

4 LCY UWYTL LCGKU TASBL LCY NSIGYE
GE MSB'WY UGIGKU XYSXVY VGLLVY
LGKM XGYQYE SO LGNY LCTL LCYM
KYIYW OSWUYL.

—ZGNNM ELYPTWL

5 JTJQCEGJQJ

X AL X'B ORNJU XW X

SGXZN SGJ YZXTJQRXSC RSXWFJR

EQXSJQR. BC LMXZXLZ XR SGOS SGJC

ULZ'S RSXWFJ JZLYAG LW SGJB.

—WFOZZJQC L'KLZZLQ

6 AN CBCR'Z LMM KVSN VUND VR ZXN

PLSN PXBQ, YHZ AN'DN LMM BR ZXN

PLSN YVLZ.

—YNDRLDC YLDHKX

7 ZW WPPE QS

OSBSJWSSJ ISGKO WP ASW

WFKSS WFPTOGJC FZWO ZJ

LGOSLGDD. Z CZC ZW ZJ PJS

GRWSKJPPJ PJ WFS APDR UPTKOS.

—FGJE GGKPJ

8 MWUCU'A TB MCRJD MB IURTN F

WPZBCRAM GWUT XBP WFKU MWU

GWBHU NBKUCTZUTM GBCDRTN EBC

XBP.

—GRHH CBNUCA

9

9 MIKXCJ KCC

WIM OKM ZLKMA

KAUIXZNLJ, SDL NR JGD BKML LG

LIZL K WKM'Z OTKXKOLIX, PNUI TNW

VGBIX.

— KSXKTKW CNMOGCM

10 WLCHOBCHW BO'W MHPHWWSQJ OL FL

S ALMF ZBWOSMPH LKO LU ODH VSJ BM

LQZHQ OL PLCH NSPX S WDLQO

ZBWOSMPH PLQQHPOAJ.

— HZVSQZ SANHH

11 ZP YZP V EYX
XY XOYIVT PJCTYB. CA CX
ZPMPB'X AYM OCI, ZP'J RP
ZVXUOCBH XPEPNCTCYB RF
UVBJEPECHOX.

—ICEXYB RPMEP

12 SMLMK PMTT GMUGTM FUV PU XU
PFBSEY. PMTT PFMC VFOP PU XU OSX
PFMH VBTT YDKGKBYM HUD VBPF
PFMBK BSEMSDBPH.

—EMUKEM GOPPUS

11

13 UDD BVFR

QYDQSY YHQYPU

CDFWYZK AZDB WYBDPZVPR,

CTYF UTY BDKU CDFWYZAXS UTGFJ DA

VSS GK NXKU TVOGFJ GU.

— CVSUYZ CGFPTYSS

14 BOT AGP BU FGBFO G WRCFWSTHGSS

KN BU AGKB CRBKS BOT HGSS NBUEN

MUSSKRD GRJ BOTR EKFW KB CE.

— HUH CTFWTM

12

15 KBT UBI IB
WM LVQMXTY NX KBT
ABH'I CHBG GRMQM KBT'QM
UBNHU, WMLVTFM KBT SNURI HBI UMI
IRMQM.

— KBUN WMQQV

16 ZLN IDZ WV QGTDSSLGACVQ GJ ZLN
JDGE, WNC ZLN DPV QLLIVQ GJ ZLN
QLA'C CPZ.

— WVYVPEZ TGEET

13

17 VWG SPQJ

VWKPZ K EGZEGV YNSMV

IJ CYTV KT VWG QGPZVW SH KV.

KH K WYU VS QKFG IJ QKHG YZYKP,

K'U IYOG VWG TYIG IKTVYOGT, SPQJ

TSSPGE.

—VYQQMQYW NYPOWGYU

18 X QSXOJSXO JBSJ JBP ZBCSVP

"S FKON ZKPQ" XV VXQZFI S

HKOJCSGXHJXKO XO JPCQV.

—PGNSC SFFSO ZKP

19 CKMCQK

QKXEU PMNKRVAUH KFKES

TXS, XUT X QMR MB RANKP AR'P

RVXR DVXR RVKS QKXEUKT RVK TXS

JKBMEK DXP DEMUH.

—JAQQ FXLHVXU

20 AV KVS SCI PVFS PVUDKY PVPIKSF VM

VTG BDUIF MDKA TF JBB RDSCVTS

RVGAF?

—PJGZIB PJGZIJT

21 LQRRNI MBI

QE DOI MGSGMCR HICQKR

GOIZ XMDOIC DQLI EDMCDE

TMDTOQZB VH GQDO LKDOIC ZMDVCI.

— OMCKNR TKXXQZ

22 KCIISAK YSDNFBCY MXGI TCBQXGC ENX

YNA'I RNDC Q LQA SG QRLNGI QG GSRRE

QG KCIISAK LQFFSCY MXGI TCBQXGC

ENX YN.

— UGQ UGQ KQTNF

23 ILJLD YLIB

ZEETR, NED IE EIL LJLD

DLPXDIR PGLA; PGL EIYM ZEETR F

GVJL FI AM YFZDVDM VDL ZEETR PGVP

EPGLD NEYT GVJL YLIP AL.

—VIVPEYL NDVIKL

24 O WEC'U UQOCJ EK XHH UQL ZORLAS

DPU EK XHH UQL DLXPUS UQXU RUOHH

ALZXOCR.

—XCCL KAXCJ

25 G C H N T

K D V T F Q N S D J G D M T W R

E S D N J C S D Q M T D N S J G J G N J

N W W M U J G D V S E G V W O S D T J M E M H D

K N E P G M H D .

— K V W W E M Q K R

26 B R K B D S F V M K Y C B R M C P K C I B R K P J A B

M J I K C A B R J B X S F O K B B S B R K S B R K D

K I N C I J I J Y P F M R F D D X .

— U S R I U K I A K I

18

27 VDU ZVUCD'Q
ZHCKVBUY DUG MEDZC
GHQFVTQ KVDCUDQHDX QV MVCU
CHXFQ VJ QFU CFVYU JVY E BUYA
MVDX QHSU.

— EDZYU XHZU

28 T RLBXD VP QMVHVIEMR BRBTKKD
NQFQTKR LGTL LGQ AQRL LEIQ LV ABD
THDLGEHY ER KTRL DQTN.

— ITNLD TKKQH

29 C X Z ' W

C Q Z Y   W J G I J D L I Y   J B   X   Z I H
Q Y I X   Z I K I G   U B I W   P X D T   J B   Q J W
B G Q U Q Z X E   Y Q C I Z W Q B Z W .

— B E Q K I G   H I Z Y I E E   L B E C I W

30 O Q   C G W   T F D Y O V   Y O P W R   I S F ,   I S F ' B W
L S S H .   R G Z P W R T W Z B W   A Z R   Z   V S K K S M ,
H S A M - C S - W Z B C G   A B O C W B   O M   G O R   H Z I .

— K O V P W I   R T O Y Y Z M W

31 ZFKLLKX ML

CWK EQT JWR, WQUMTY

TRCWMTY CR LQD, QZLCQMTL

AGRE YMUMTY JRGXD KUMXKTOK RA

CWK AQOC.

—YKRGYK KFMRC

32 CNU YZAGC ZV SAJAGF, QGW ZV

IUAGF QG ZYCAPAEC, AE CZ IU

VZZSAEN UGZDFN CZ IUSAUJU CNU

IUEC AE BUC CZ HZPU.

—YUCUL DECAGZJ

33 B K S M S B U T M

L O Y I N W   W I R Q I C ,   L O U   Y U

B S X   L T   U R M X   N R Q X   Q Y U K

Y X B M T N Y L I T   W Q Y H U X T W W .

— H S Y U K   L S I N Q Y X

34 Z H S Z T A Z D P Z   A U   D M J   O Q K J   Q K S S Z D U

J M   V M F ;   A J   A U   O Q K J   V M F   W M   O A J Q

O Q K J   Q K S S Z D U   J M   V M F .

— K E W M F U   Q F H E Z V

35 FTN NSDYNDF

USG FH IHWLYWIN ZG JYXD

FTSF FTNG XHW'F QNSPPG WNNX

DHZNFTYWE YD FH ENF YF OHQ FTNZ.

— MHSW IHPPYWD

36 S ASY EZDWYO INPPWYD MWO GWOBUA

PZZPM PMZ CWQOP PWAZ MZ EWPZO UCC

AUQZ PMSY MZ ISY IMZG.

— MZQE ISZY

23

37 P LJQH DR
ARKY PE N BPKQ ZIHKNED
BNMDRKI. IRL MRLFHE'D XNKY
NEIAZQKQ EQNK DZQ XFNMQ.

— JDQCQE AKPWZD

38 AZCINEWQQH, L XBLEO LJ W UNVWE
BWIE'X VZX XBZ CLYBX VWE GH XBZ
XLVZ IBZ'I XUZEXH-JNRC, IBZ VWH GZ
QRPOH.

— SZGNCWB OZCC

39 QENUN YUN

QIK IYCZ KD ZGUNYBTSF

OTFEQ: QK VN QEN PYSBON KU

QEN WTUUKU QEYQ UNDONPQZ TQ.

— NBTQE IEYUQKS

40 C QXZI HJ JXKIXOI YLX UIZJHJMJ HO

LXDGHOR LHJ XYO PHIYJ CTMIZ YI LCPI

IODHRLMIOIG LHK YHML XWZJ.

— KCDFXDK TXZQIJ

41 S Y M   S D

R O M   S N A M G R   O J Z L Y

Y M M A G   K G   O L P K Y F   G S Z M S Y M   R S

I S Y A M W   I O M W M   H S J   L W M   I O M Y   H S J

A S Y ' R   E S Z M   O S Z M   L R   Y K F O R .

— Z L W F L W M R   Z M L A

42 H D I   B Z M   Q I X V F   Z   C T L D M N   R X C T

Q Z H D M N C U ,   Q I C   H D I   B Z M ' C   U X C   D M   X C

J D L   V D M E .

— Q D L X U   H N V C U X M

43 UZ TDNXQH

LOQR NJ ODZ NXDN WN

YDO YWIAQR NJ FJ TWOXWMF JM

OLMRDZ. ELN XQ MQBQH ODWR

DMZNXWMF DEJLN RHDY SJAQH.

— FHJBQH IPQBPPDMR

44 NRQDUHT MY AMLUS FXBKIQDU

TXMLKI QDRKBOD HXRH YDC NDMNKD

CBKK YBUI HXDBQ FXBKIQDU RT

DUFXRUHBUS RT HXDA IM.

— VRQVRQR CRKHDQT

45 OFMDG

MTMIGW SDJM SM UYEMG

DIV BDCS; EG EW HICZ GFEKCMW

GQDG EFFEGDGM SZ IMFTMW.

—UYMMI TEBGHFED

46 DV ODZ WRPPZS JZTFKYV ZSDVTM

UVMSTZIM SDV ATKUFV ZYVT ODKWD DV

DKHMVXJ HEMS BRMM.

—FVZTFV DVTAVTS

47 NAQ DMH BE
ABCH HYHWGLUBIM HAEH.
LN SDCH D EZVVHEE NJ BL,
GNZ'YH MNL LN ELDWL GNZIM.

—JWHQ DELDBWH

48 QYQRHZ YFH YEXYDZ VBFH NFBPQEH
NKYO DBP NKBPUKN—YOS VBFH
XBOSHFJPE.

—LKYFEHZ BZUBBS

49 XLI JB RM
XLI CJCIO DJRB "GRU
DJKI. KJDX FIIT." FLP
JBYIOXRDI? R JKOIJBP VRDDIB RX.
XLIP'OI EHDX OHGGRMU RX RM.

—PJTZY DVROMZAA

50 .HP RUMT YHPFUAP TISHKR PFIP SUA
TFUACE KMNMD FINM QUDM OFHCEDMK
PFIK SUA FINM OID YHKEUYT.

—MDQI LUQLMOX

51 JA TPMX TPD
LTZMS QUKD NVT MJKDE:
NQD AJOEN JP VQJLQ NT HUID
TPD'E HJENUIDE, UPS NQD EDLTPS JP
VQJLQ NT WOTAJN YX NQDH.
—S.Q. MUVODPLD

52 CVHK NHJNOH RHHN ZHOODKF EJW
ZVYZ EJW IYK'Z QJ Y ZVDKF, EJW
RDKQ JB ODRH ZJ ZAE DZ.
—LYAFYAHZ IVYGH GLDZV

53 FJBIWKG AC
T CAGSG FRJBIMR ERAQR
EG CAXF BIJ TQLITAPFTPQGC.
FRBCG FBB WAM FB ZTCC FRJBIMR TJG
BIJ XJAGPHC.

—TJKGPG XJTPQAC

54 AGR UKORMNDCYZ GYCL DW
BDIRMCKRCA HYC CRIRM MROZYHR AGR
GRZOUCB GYCL DW Y CRUBGTDM.

—GSTRMA G. GSKOGMRP

55 J Q V E   U V F F

Y D B C V X   J Q D   F C X W   N H   J Q D

H Y D D   N X F Z   E N   F N X O   C E   V J   V E

J Q D   Q N B D   N H   J Q D   P Y C L D.

— D F B D Y   W C L V E

56 M J   Z A X   E Y L   Q I I D   Z A X U   P I Y C   N P I L   Y V V

Y T A X H   Z A X   Y U I   V A O M L F   H P I M U O,   M H ' O

B X O H   D A O O M T V I   Z A X   P Y K I L ' H   F U Y O D I C

H P I   O M H X Y H M A L.

— B I Y L   Q I U U

57 TES VLJ

RLDFNT HSQWR UBR

VBLALVURA EG L XLJ MT BEY BR

UARLUD UBEDR YBE VLJ QE JEUBFJW

GEA BFX.

— HLXRD Q. XFNRD

58 Z VJMO MOQOEZHZGD. Z VJMO ZM JH

LNIV JH TOJDNMH. FNM Z IJD'M HMGT

OJMZDX TOJDNMH.

— GAHGD YOQQOH

34

59 PVQ TQDP

CFE XADP TQCJPBYJS

PVBFLD BF PVQ RAZSE UCFFAP TQ

DQQF AZ QWQF PAJUVQE. PVQH XJDP

TQ YQSP RBPV PVQ VQCZP.

—VQSQF GQSSQZ

60 IXLJRIY VXB MZRLW, RG VXB JXOW LX

PW CIV YXXU, MRKK WNWZ QXDW XBL

CA VXB GRZAL JXOWU.

—KRKKRCI JWKKDCI

35

61 B THSD

UFCPN WTHW WTD RDEW

QHM WF ABSD HNSBZD WF MFCL

ZTBONLDP BE WF UBPN FCW QTHW

WTDM QHPW, HPN WTDP HNSBED WTDI

WF NF BW.

—THLLM WLCIHP

62 WCDT NLVTP BUD YX PKLVI UDT

XUPM IL POXUW, YHI IKXCV XBKLXP

UVX IVHAM XDTAXPP.

—RLIKXV IXVXPU

63 ISYFY NE OM
SKHGO RFMPZYH USNXS
XMKZT OMI PY EMZCYT NV
RYMRZY UMKZT ENHRZQ TM GE N
GTCNEY.

— DMFY CNTGZ

64 YZ KJP NDDE JC GRKYCX SIYCXG RVD
XJYCX SJ QD QRB, KJP IRAD R XJJB
UIRCUD JZ QDYCX R EVJEIDS.

— YGRRU QRGIDAYG GYCXDV

65 Y G N   W A Z K

X R   F M Z M K A C N   M Q A O G Y C

X S Q D   E F X S   Y G N   G M S K   Y G M Y

K X N C   S X Y   O Z M C F .

— P X G S   W N Z Z D

66 M   G W D ' X   U R N M R P R   M D   Q D

Q C X R L N M C R ,   Q N X F W Z O F   M   Q H

U L M D O M D O   Q   K F Q D O R   W C   Z D G R L A R Q L .

— A W W G S   Q N N R D

67 NMLRID DRK

SFRQ QFLK ILRT, EXQ QFLK

NJT'Q DRK VQ VT NRKQVIL

BRTAXRAL.

—ARVB AJNSVT

68 H KPLLKO AOQOKKPRJ JRZ HJU LTOJ

PW H BRRU LTPJB, HJU HW JOSOWWHAD

PJ LTO VRKPLPSHK ZRAKU HW WLRAGW

PJ LTO VTDWPSHK.

—LTRGHW YOMMOAWRJ

69 J R K

Z J M F D Z D R D C C D Q E G M J E X

K C C W K Q B , F D M ' E C G Y Y F D Z M

E L W B L K F W .

— E D V C W E W Q B

70 R C R X W T R Y R X V F M L Y D V G T P N V F F P R

L D Q B V N P M L Y N , S G F X R D M T M L G N D W

B L D D L O N F P R Y R O .

— P R Y X W Q V C M Q F P L X R V G

71 QKWSW UA

JZ HWJXUJR QKW NFVQ

QKFQ TSUQWSA AKZOMH GW

SWFH GOQ JZQ AWWJ. SFSWMX FSW

QKWX F TUJAZCW AURKQ.

— WHJF NWSGWS

72 H RIYGBS JU LIY H ABSUIL YI DBHL IL

VCY H ABSUIL YI RHWB DBHLJLQ

CLLBFBUUHSX.

— EISIYGX FHLPJBDE PJUGBS

73 SWUIGSD

GO QKWSD QGUI

OWBUIFKS JTYGPWKSGT UITU T

KGOF GS UIF WJFTS YFMFY QWBYLS'U

JBKF.

—KWOO AJLWSTYL

74 HOF ZNRH DFEIHYSIM HOYUJR YU HOF

CNQMK EQF HOF ZNRH IRFMFRR:

XFETNTWR EUK MYMYFR, SNQ

YURHEUTF.

—LNOU QIRWYU

42

75 TG GCZKL C
JESD GTBK GE XKCJ C
IVEZKS XKCVG. IHG QJCMTSD ESK
EN BM CJIHBL YCS XKJQ.

— NVCSZ LTSCGVC

76 OEE VBABEBYODBUM ZON SJUI DBIC DU
DBIC RCVUIC O DZBM VJTND UACJ O
AUEVOMU US JCAUETDBUM.

— ZOACEUVH CEEBN

43

77 HSJ MRTOA

KV CJXRTJ DRN, GIA DRN

IJJA IRH HGWJ KH RT OJGPJ KH

GV KH MGV MSJI DRN QGYJ KI.

— BGYJV CGOAMKI

78 VSWU PUW BTCB ISTI T VDEIWD EB

QTBSEPUTKRW PUW HDTJIEJTRRC TRVTCB

NWTUB ISTI SW EB TFNEDWF KC

HWPHRW XUFWD ISEDIC.

— MWPDMW PDVWRR

79 Z WZQ

ODGHDR HJ SHPD WZPHFN

Z IZPD RHXV ZSS XVD WDJX

HFNODQHDFXJ ZFQ VZGHFN JMLDMFD

JHX MF HX.

—QZFHDSSD JXDDS

80 JVX DXEJ GLHP LE VX CVZ BHOXE JVX

EBHGGXEJ HBZTQJ ZR GFLQW WZ JVX

GZQWXEJ CHF.

—EHBTXG DTJGXP

45

81 TXKFRR LZT

YEZZRF NZ CZ WJFHN

NEGXWR VGNE GN, GN UHQFR XZ

CGSSFJFXYF EZV UTYE MZVFJ LZT

EHPF.

—ZMJHE VGXSJFL

82 SZKMKSQTM SGARHRQR GE PZKQ LGV

CG GA QZT QZHMC KAC EGVMQZ

QMHTR.

—NKUTR UHSZTATM

83 NZ'W OXZ G

UXXJ NJQG ZX ZMV ZX LFZ

VXFM DNYQ NOZX G OXSQR ...

OXZ VXFM RGZQWZ DNYQ GOVDGV.

—OXMBGO BGNRQM

84 XNO VPCJOL SVO HFAX FJSPX XNO

VODE COBQF QE XNFX XNOG YSKO

HQWNXE. DNOV GSP WQKO XNOC

ASVHLSVXFXQSVE GSP WOX

FXXOVXQSV.

—VODX WQVWLQAN

47

85 BTRVXIN XR

Z KZIWXLN VWZV, DWNL

RPKNPLN WZR PLIN QXUNL XV

VWN RVZGVXLQ YTRW, GPCCR PL PM

XVRNCM.

— BPWL QZCRDPGVWA

86 JCVS IGX UBD LGT ZVTLVRNBGS, IGX

FBWRGHVT BN'W U DGHBSA NUTAVN.

— AVGTAV LBWCVT

87 D B Q

WYQFDQID WXXP ZXK TFM

PX GXY FMXDBQY HI MXD NKID

DX IBFYQ ZXKY YHTBQI AKD DX

YQCQFO DX BHS BHI XEM.

—AQMNFSHM PHIYFQOH

88 QAYRS SDE QHDYAXH GUJ MXUDC UAX

GUXRNUEY DXH. QZ QREC JDEIY IU YHH

IU REBRERIZ.

—YIHFRH JUECHX

49

89 NGZSTFTA

NHQTL KH SGTV QCXS KH

SNBET ZX NTYY ZX QTL SH RT

SGHCIGS GZYJ ZX IHHK. YCEUBYV,

SGBX BX LHS KBJJBECYS.

—EGZAYHSST NGBSSHL

90 LNU GFJXXYNXYGJIV IN TJPP ILGE

XPJFVI VJYIL ULVF TPVJYPH GI GE

NTVJF.

—JYILRY T. TPJYZV

91 BZD LYE

GOWLZRUT VZTU YSZDQ Y

XUTWZE OE YE NZDT ZC XJYB

QNYE OE Y BUYT ZC LZERUTWYQOZE.

— XJYQZ

92 IUDF'C AMH J LJIRUGK CEJNBL, J

WBBQ WIJTFQ HEJH CHQMHC JGN DQFHC

EUC EBMQ MWBG HEF CHJKF, JGN HEFG

UC EFJQN GB YBQF.

— LUIIUJY CEJRFCWFJQF

93 CNBUM BD

MZP IQBWP SP IJX

SBUUBTCUX HLQ KLBTC SZJM SP

JQP CLBTC ML KL JTXSJX.

— BDJEPUUP ZLUUJTK

94 R JRCKX JF FNK AOTIRB'M NKJYF, JGX

TD JBBRXKGF R NRF RF RG FNK

MFHCJBN.

— OAFHG MRGBIJRY

95 VFY ZESZHPY
GDK Z JDDA LFDRWE JY ZV
WYZLV ZL IRPF ZL VFY PDLV DG
VFY WRHPF ZV QFCPF CV QZL
ECLPRLLYE.

— PZWSCH VKCWWCH

96 RY R UKMJ "DRBMJAJGGK," EFJ
KSMRJBDJ CNSGM QJ GNNZRBH NSE YNA
K QNMV RB EFJ DNKDF.

— KGYAJM FREDFDNDZ

97 ZJYTBSG,

VUTW JS YTPJWX SE SCFT

BEES, JX C OZCWS EA BCOJI

PBEVSU.

— PTEBPT VCXUJWPSEW

98 TIVNBQNPXY, KXCI TPUQXOW, NPBGKA

DILXV UO PBSI; DGO, GVKXCI TPUQXOW,

XO NPBGKA IVA OPIQI.

— TKUQI DBBOPI KGTI

99 ZX VBP CORU

CBMJ CKGG LBRK, EKGKTU

O DPEV NOR; UIK BUIKM JZRL IOE

RB UZNK.

— KGDKMU IPDDOML

100 GBUBT VGKYHQ WG WHHVJWQNT

YGQVH WOQBT INY RWUB XTNKKBP QRB

TVUBT.

— XNTPBHH RYHH

55

101 ZOCTS SQB
HCXS CUEFEJZNESL SQZS
ZJL MUESBU DZJ QCIB SC
ZDQEBPB QCJBXSNL EX SC XSBZN
MESQ FCCY RTYFHBJS.

—RCXQ OENNEJFX

102 FPZA ZD ZHAPCJ WGYQO AC FJGAQ
NCOA GO PGO OGBDZAHJQ CD APQ
XZTY CU Z TPQTY.

—XJQDIZD UJZDTGO

56

103 N PGWCP
VJSICGS N ZYT SC HSNDK
CD VJZZ TYS NPCGDK HCWY CSIYP
VNA.

— QCID SGKCP

104 RDHTL LHXDT LZZM CNPDSHNJ HA
JHFD RDHTL NAAHLTDM PZ RNFD N YNFD.
NTM UNXHTL PUD RNPPDS CNMD WZS
GZQ.

— SZANJHTM SQAADJJ

57

105 PA MFQ

XEHPR PAIEHMJN B

ZQVQAI PH EHEBZZN AL XLJQ

MFBA HLXQLAQ DPMF MDL

RLAHQREMPCQ FPM HPAVZQH.

—VBJJN MJEIQBE

106 KMS'Y DMSKGFDGSK YM ESFXHIIGK

IZUMB. YBQ HY VMB JZIV Z KZQ

VHBFY.

—UBMMXF ZYXHSFMS

58

107 N V C M   B V K W

I L W T   S L W J ' F W   B Z D D W N ;

B Z S M   S Z Y W   Z   K W M M Z C W   Z T N   C W S

X Z B Y   S V   J V Q .

— K Z F J   X D J

108 X A   P C O R   G T C I   O S Q   S Y Q   T V V C H R Q G T Q A

G D R   P T V M R I   M S   K S   G S X R U Z T F R   G D R ' I

V R H R Q   J R R V   J R O S Q R .   C   G T C I ,   " D S P

' J S Y M   M D R   N C M F D R V ? "

— Q S I V R A   I T V K R Q O C R Z I

109 X D R   J R L G F I
T J L I B U L J R I X G   L I B
T J L I B V D A W B J R I   T R X   L W F I T   G F
P R W W   A G   X D L X   X D R Z   D L Y R   L   V F O O F I
R I R O Z .

— G L O   W R Y R I G F I

110 K G Z M C U   S K L   Q P M S M Q O   W P G M O L   I N H
M O   X M J L   K G Z M C U   S K L   K G C U F G C   O G I
I N H ' Z L   U N S   G   W P L S S I   C L Q J .

— L X M   A G X X G Q K

60

111 U AZQYK

RMVDQCM DZ FQMBB DIOD

OVZV, AIZ ACZDM BZ GOVX

JZMGB AUDIZQD BUFVUVF DIMG, AOB

ZLDMV O AZGOV.

—RUCFUVUO AZZYL

112 PCUQ KL RYTUH LY EYSUKFQ EYYJ,

LCU XUHH IGLCUQLKR LCU MULLUS.

—FUSIXJ QIRCTIQ

113 A P J I

I S T W R H Z N   O Z   L N   Q T I   I P J I

O T G L Z   N I J S N   S W Q   C T S   T C C L V Z,

R W I   I P J I   I P Z E   C L Q X   L I   Z J N E   I T   B Z I

Z H Z V I Z X.

—N P J Q J   J H Z K J Q X Z S

114 I Z L O T P Q F Z C   F C   Q O I H O T   F B   P M V P X B   P

U F T Q E O,   G E Q   I Z L O T P Q F Z C   F C

H T F C J F H M O   F B   P M V P X B   P   U F J O.

—Q K Z I P B   H P F C O

115 SY SL YEI

ZGWGFD CU CRB GXI

YEGY YEI DCRHX GBI LC NRLD

YIGKESHX RL YEGY YEID EGPI HC YSZI

WIUY YC WIGBH.

—IBSK ECUUIB

116 JAAZ TAPPBHGTUEGAH GV UV

VEGPBMUEGHJ UV LMUTO TASSCC, UHZ

FBVE UV DUIZ EA VMCCY USECI.

—UHHC PAIIAR MGHZLCIJD

117 HJNDN LG

GX PQUJ KQLSCQA LM PI

XRNM HJNDN LG XMSI DXXP HX

KZVN Z GLMOSN UQAUZVN.

—AJISSLG CLSSND

118 TGEDPDL AGNOVR QZLLNZFD NR Z

INIAJ-INIAJ BLEBERNANEO MEDRO'A

VOET AGD GZCI EI NA.

—ILZOVCNO B. SEODR

64

119 G ZXPL SH

G CH XRTLZ CGWL IXVJE

PWLJJ GP PILLR, SVR IXVJE CXR

BXPR TGJD GP WVBT EVZNCF RTL

INCRLZ WXCRTP.

— FLXZFL GEL

120 T AFEI F SFN KAFK T SFXX LXFKKINP

CISFRZI TK BIKZ QI MHVAINI.

— AIMMP PHRMBQFM

121 JCQ JZMY
FA CFI XYXCIEYA AC LKZL
UY XEJKL KZMY ICAYA ES
QYPYXDYI.

— VZXYA X. DZIIEY

122 ULF LFA ICULF LPV KIC DCBEVA
BLZEVKZ, CX INSBN VLBN BCFKLSFZ KNV
EVQ KC KNV CKNVP.

— SZLE ASFVZVF

123 G M   H T O

R L F E   E T   V G Y Y   L F H   G B J L

G F   E I J   R T N Y B   E T B L H ,   S J E   L

X T Q Q G E E J J   R T N V G F S   T F   G E .

— X I L N Y J W   M .   V J E E J N G F S

124 G C T G W A W E H W   R L   F Z J   W C F   T N

G J C L V W H R E A   T F Z J C L   T N   M Z W F   D T V

H T E ' F   S J B R J O J   D T V C L J B N .

— W S S W   J S W E

125 K E P X   Z W O

W   K F U   O E J C K X Q   Z B X A

Z B W U   Z X   B F A F Q X T   Z W O   P W U B X Q

W A T   J F U B X Q   Q W U B X Q   U B W A   W K K

J W I F Q   V Q X T E U   V W Q T O .

— Q F R X Q U   F Q R X A

126 X O O X E J C P B J B L Y   Q E L   X S J L P   J I B P U Y

T X C   I Q D L P ' J   P X J B M L W   J I L   S B E Y J   J B N L

Q E X C P W .

— M Q J I L E B P L   W L P L C D L

127 NLJJWO WJ
JLXYVQWIN VQTV IL LIY
EBTWXJ VL BWAY—GZV
YSYCMGLUM YIRLMJ.

—RLJYOQ ELICTU

128 OSRYBFJLD YH BAD VCEG OVVP
PRSJKED DCVRXA BV KDFVND J OJNYEG
ADYSE.VVN.

—SRHHDEE KJLDS

129 V N J J D ,

O C B U J V ,   M Y A   U J M N H U

G Z V H   E J   C Y H J O O Z D H J A   H Q   E J

H O Z N R   J Y S Q R J A .

— S J M Y   D M Z N   O C B U H J O

130 P R F E   X F H L M T Z W .   V F R ' Y   D B B T Q Y   X F H L

V F S ' M   D V G N L D Y N F R   D M   B F R B Z H M N J T

T J N V T R B T   Y K D Y   X F H   D L T   E F R V T L W H Z .

— D R R   Z D R V T L M

131 ZGPCMLIARQ
ILCVKID UGMRARNR AM
RLDAMV "IGCO ZGMKR AR OKLO"
NG YKGYIK XFG MKJKC BMKX IGCO
ZGMKR XLR LIAJK.

—V.B. UFKRNKCNGM

132 RQEBDXC ZL FCZJX LRDBCP SQ
PCDSO—DJP LDPPNZJX EH DJVGDV.

—YQOJ GDVJC

133 P N   D T

R X E E I Z   S G Z   X E   T E K   Z I   I G L

K P N N T L T E R T W ,   X Z   M T X W Z   D T   R X E

U T M S   V X O T   Z U T   D I L M K   W X N T   N I L

K P B T L W P Z F .

— Q I U E   N .   O T E E T K F

134 H W B V ,   E O Q L W K   U Q H Y L N L D L H W ,   L

G Z A   R H Q B V E   D H   J L I V   R H Q   E Z T A   H W

W H D Y L W K   N O D   R H H E   Z W E   G Z D V Q .

— G . B .   R L V J E A

135 Z FTJG

TECGTPD LZJGI UAW

MWYBZIB UW UFG ATC TIP Z

BUTIP CGTPD UW BTMCZQZMG SD

AZQG'B VCWUFGC.

—TCUGSYB ATCP

136 JI BRSSO JBSIRFB JBA SCWA LMT

YLKK IY L YCMA, YRKK WAMJAMQA CW

KCPA TAYOCMF JBA SIKA IY JCZA

CM BRZLM KCYA.

—PAMMAJB QKLSP

137 B D H M H K V

H I   P G I N .   G F F   N A O   J A   H I

I M G D P   G M   G   Q F G K W   I L P P M   A S

T G T P D   O K M H F   J D A T I   A S   Q F A A J   S A D X

A K   N A O D   S A D P L P G J .

— V P K P   S A B F P D

138 S E C   U I P P C U U X I K   Z C L V K I S D V R J Z F   D U   J

U S J S C U H J R ,   S E C   I R U I P P C U U X I K   V R C   J

P Z D H D R J K .

— C Z D P E   X Z V H H

139 L K W F H

M N E G W T T H S   M E C W O   W A

A X W T   O N   O X A O H   A L H H O H E ,   W O

C A C X F F I   A Z N W F A   M X A O H E .

— X G W V X W F   Y X S   G C E H S

140 Q Z J   Q F P E Y A   H C L M F Y V   Z E H V   Y Z   Y G Z A M

X G Z   H Z D M   C Y ,   P E J   P F M   P H X P V A   F M P J V

Y Z   Q I P F J   P E J   J M O M E J   C Y .

— J P E C M H   X M L A Y M F

141 IATV, ISFV
OVCJHLOHRJ MHCM AO
PMSPFVR CHIHN, GLCJ EV JHFVR
ZSJM EISRN DHSJM AO SJ IACVC SJC
DIHTAO.

— MVIVR OAZIHRN

142 SU TUYSQTXU XB SWDTNQ FSU HN
WNQTQONV, HKO UXO SU TVNS IGXQN
OTDN GSQ FXDN.

— YTFOXW GKZX

76

143 OAH UWQH

AH OMCNHI WK AXV

AWBWQ OAH KMVOHQ PH

DWGBOHI WGQ VEWWBV.

— QMCEA PMCIW HUHQVWB

144 QCY VHNPQ CGFV MV MTN FHBYP HP

NTHAYS RI MTN OGNYAQP GAS QCY

PYXMAS CGFV RI MTN XCHFSNYA.

— XFGNYAXY SGNNMK

145 C G X H L N

N G E K A Z   D Q   U J Z Q   J N

N X U B A Q   J N   B E N N X D A Q ,   D K C   H E C

J H F   N X U B A Q P .

— J A D Q P C   Q X H N C Q X H

146 U V L   B F V   Z I F E D W E W V Q

N Z U I D N B F V N S W Z   W N   C F I   H L D D L I   D S F V

C W C D R   Z I L F E S W V Q   W D .

— X V K D L   I U E X V L

78

147 QZHE EZUG
PIXAEBL ADDFG UG NIBD
XADNSJILDF SIJUEUPUHAG.
— DFQHBF JHAKJDL

148 LPQMEMCQZR, FSYZ YZUIEKYT PXQZ
MSY JYJQID, UCKY DQP UQQT MSQPUSMR.
— FCZRMQZ OSPIOSCWW

HINTS

1 J represents G 2 H represents F 3 S represents G
4 I represents V 5 T represents V 6 S represents M 7 K represents R
8 T represents N 9 W represents M 10 M represents N 11 A represents F
12 K represents R 13 B represents M 14 F represents C 15 U represents G
16 V represents E 17 Z represents G 18 O represents N 19 S represents Y
20 A represents D 21 L represents M 22 E represents Y 23 Z represents B
24 D represents B 25 M represents O 26 D represents R 27 F represents H
28 R represents S 29 J represents T 30 C represents T 31 X represents D
32 I represents B 33 I represents L 34 O represents W 35 X represents D
36 U represents O 37 L represents U 38 V represents M 39 O represents L
40 M represents T 41 Z represents M 42 I represents U 43 O represents S
44 I represents D 45 T represents V 46 O represents W 47 L represents T
48 D represents Y 49 G represents B 50 S represents Y 51 P represents N
52 D represents I 53 J represents R 54 C represents N 55 N represents O
56 D represents P 57 V represents C 58 T represents P 59 B represents I
60 I represents N 61 M represents Y 62 Y represents B 63 R represents P
64 Q represents B 65 A represents I 66 O represents G 67 K represents Y

80

68 T represents H
69 Z represents W **70** Y represents N
71 J represents N **72** Y represents T **73** Q represents W
74 U represents N **75** I represents B **76** A represents V
77 D represents Y **78** V represents W **79** W represents B **80** G represents L
81 X represents N **82** R represents S **83** V represents Y **84** G represents Y
85 X represents I **86** S represents N **87** W represents G **88** Y represents S
89 N represents W **90** F represents N **91** B represents Y **92** G represents N
93 S represents W **94** B represents C **95** F represents H **96** N represents O
97 B represents R **98** D represents B **99** R represents N **100** W represents A
101 F represents G **102** Y represents K **103** V represents W **104** L represents G
105 Z represents L **106** B represents R **107** M represents S **108** G represents S
109 T represents G **110** C represents N **111** F represents G **112** X represents L
113 Q represents N **114** Z represents O **115** X represents G **116** G represents I
117 P represents M **118** L represents R **119** P represents S **120** S represents C
121 A represents S **122** F represents N **123** B represents D **124** D represents Y
125 Z represents W **126** I represents H **127** I represents N
128 B represents T **129** D represents P **130** J represents V
131 R represents S **132** X represents G **133** D represents W
134 W represents N **135** U represents T

136 Y represents F
137 N represents Y **138** I represents U
139 O represents T **140** J represents D **141** I represents L
142 H represents B **143** A represents H **144** V represents F
145 N represents S **146** C represents F **147** G represents S
148 S represents H

ANSWERS

1 The brain is a wonderful organ; it starts the minute you get up in the morning and does not stop until you get to the office. —Robert Frost **2** There are two times in a man's life when he should not speculate: when he can't afford it, and when he can. —Mark Twain **3** Why is it when we talk to God, we're said to be praying, but when God talks to us, we're schizophrenic? —Lily Tomlin **4** The great thing about the movies is you're giving people little tiny pieces of time that they never forget. —Jimmy Stewart **5** Everywhere I go I'm asked if I think the university stifles writers. My opinion is that they don't stifle enough of them. —Flannery O'Connor **6** We didn't all come over on the same ship, but we're all in the same boat. —Bernard Baruch **7** It took me seventeen years to get three thousand hits in baseball. I did it in one afternoon on the golf course. —Hank Aaron **8** There's no trick to being a humorist when you have the whole government working for you. —Will Rogers **9** Nearly all men can stand adversity, but if you want to test a man's character, give him power. —Abraham Lincoln **10** Sometimes it's necessary to go a long distance out of the way in order to come back a short distance correctly. —Edward Albee **11** We owe a lot to Thomas Edison. If it weren't for him, we'd be watching television by candlelight. —Milton Berle

12 Never tell people how to do things. Tell them what to do and they will surprise you with their ingenuity. —George Patton

13 Too many people expect wonders from democracy, when the most wonderful thing of all is just having it. —Walter Winchell

14 The way to catch a knuckleball is to wait until the ball stops rolling and then pick it up. —Bob Uecker **15** You got to be careful if you don't know where you're going, because you might not get there. —Yogi Berra **16** You may be disappointed if you fail, but you are doomed if you don't try. —Beverly Sills **17** The only thing I regret about my past is the length of it. If I had to live my life again, I'd make the same mistakes, only sooner. —Tallulah Bankhead **18** I maintain that the phrase "a long poem" is simply a contradiction in terms. —Edgar Allan Poe **19** People learn something every day, and a lot of times it's that what they learned the day before was wrong. —Bill Vaughan **20** Do not the most moving moments of our lives find us all without words? —Marcel Marceau **21** Middle age is the awkward period when Father Time starts catching up with Mother Nature. —Harold Coffin **22** Getting divorced just because you don't love a man is almost as silly as getting married just because you do. —Zsa Zsa Gabor **23** Never lend books, for no one ever returns them; the only books I have in my library are books that other folk have lent me. —Anatole France

24 I don't think of all the misery
but of all the beauty that still remains.
—Anne Frank **25** Human beings are the only creatures on
earth that allow their children to come back home. —Bill Cosby
26 The trouble with life in the fast lane is that you get to the other end in
an awful hurry. —John Jensen **27** One doesn't discover new lands without
consenting to lose sight of the shore for a very long time. —André Gide **28** A study
of economics usually reveals that the best time to buy anything is last year.
—Marty Allen **29** Man's mind stretched to a new idea never goes back to its original
dimensions. —Oliver Wendell Holmes **30** If the public likes you, you're good.
Shakespeare was a common, down-to-earth writer in his day. —Mickey Spillane
31 Blessed is the man who, having nothing to say, abstains from giving wordy evidence
of the fact. —George Eliot **32** The point of living, and of being an optimist, is to be
foolish enough to believe the best is yet to come. —Peter Ustinov **33** Character
builds slowly, but it can be torn down with incredible swiftness. —Faith Baldwin
34 Experience is not what happens to you; it is what you do with what happens
to you. —Aldous Huxley **35** The easiest way to convince my kids that they
don't really need something is to get it for them. —Joan Collins
36 A man begins cutting his wisdom teeth the first time he
bites off more than he can chew. —Herb Caen

37 I used to work in a fire hydrant factory. You couldn't park anywhere near the place. —Steven Wright

38 Personally, I think if a woman hasn't met the right man by the time she's twenty-four, she may be lucky. —Deborah Kerr

39 There are two ways of spreading light: to be the candle or the mirror that reflects it. —Edith Wharton

40 A bore is someone who persists in holding his own views after we have enlightened him with ours. —Malcolm Forbes

41 One of the oldest human needs is having someone to wonder where you are when you don't come home at night. —Margaret Mead

42 You can build a throne with bayonets, but you can't sit on it for long. —Boris Yeltsin

43 My father used to say that it was wicked to go fishing on Sunday. But he never said anything about draw poker. —Grover Cleveland

44 Parents of young children should realize that few people will find their children as enchanting as they do. —Barbara Walters

45 Great events make me quiet and calm; it is only trifles that irritate my nerves. —Queen Victoria

46 He who cannot forgive others destroys the bridge over which he himself must pass. —George Herbert

47 Old age is like everything else. To make a success of it, you've got to start young. —Fred Astaire

48 Babies are always more trouble than you thought—and more wonderful. —Charles Osgood

49 The ad in the paper said "Big Sale. Last Week." Why advertise? I already missed it. They're just rubbing it in. —Yakov Smirnoff **50** It goes without saying that you should never have more children than you have car windows. —Erma Bombeck **51** If only one could have two lives: the first in which to make one's mistakes, and the second in which to profit by them. —D.H. Lawrence **52** When people keep telling you that you can't do a thing, you kind of like to try it. —Margaret Chase Smith **53** Trouble is a sieve through which we sift our acquaintances. Those too big to pass through are our friends. —Arlene Francis **54** The impersonal hand of government can never replace the helping hand of a neighbor. —Hubert H. Humphrey **55** This will remain the land of the free only so long as it is the home of the brave. —Elmer Davis **56** If you can keep your head when all about you are losing theirs, it's just possible you haven't grasped the situation. —Jean Kerr **57** You can easily judge the character of a man by how he treats those who can do nothing for him. —James D. Miles **58** I hate television. I hate it as much as peanuts. But I can't stop eating peanuts. —Orson Welles **59** The best and most beautiful things in the world cannot be seen or even touched. They must be felt with the heart. —Helen Keller **60** Nothing you write, if you hope to be any good, will ever come out as you first hoped. —Lillian Hellman

61 I have found that the best way to give advice to your children is to find out what they want, and then advise them to do it. —Harry Truman **62** Kind words can be short and easy to speak, but their echoes are truly endless. —Mother Teresa **63** There is no human problem which could not be solved if people would simply do as I advise. —Gore Vidal **64** If you keep on saying things are going to be bad, you have a good chance of being a prophet. —Isaac Bashevis Singer **65** The bird of paradise alights only upon the hand that does not grasp. —John Berry **66** I don't believe in an afterlife, although I am bringing a change of underwear. —Woody Allen **67** Dreams say what they mean, but they don't say it in daytime language. —Gail Godwin **68** A little rebellion now and then is a good thing, and as necessary in the political world as storms in the physical. —Thomas Jefferson **69** If a window of opportunity appears, don't pull down the shade. —Tom Peters **70** Every generation laughs at the old fashions, but religiously follows the new. —Henry David Thoreau **71** There is no denying the fact that writers should be read but not seen. Rarely are they a winsome sight. —Edna Ferber **72** A mother is not a person to lean on but a person to make leaning unnecessary. —Dorothy Canfield Fisher **73** Nothing is wrong with Southern California that a rise in the ocean level wouldn't cure. —Ross McDonald

74 The most beautiful things in the world are the most useless: peacocks and lilies, for instance. —John Ruskin **75** It takes a long time to heal a broken heart. But playing one of my albums can help. —Frank Sinatra **76** All civilization has from time to time become a thin crust over a volcano of revolution. —Havelock Ellis **77** The world is before you, and you need not take it or leave it as it was when you came in. —James Baldwin **78** When one says that a writer is fashionable one practically always means that he is admired by people under thirty. —George Orwell **79** A bad review is like baking a cake with all the best ingredients and having someone sit on it. —Danielle Steel **80** The best liar is he who makes the smallest amount of lying go the longest way. —Samuel Butler **81** Unless you choose to do great things with it, it makes no difference how much power you have. —Oprah Winfrey **82** Character consists of what you do on the third and fourth tries. —James Michener **83** It's not a good idea to try to put your wife into a novel … not your latest wife anyway. —Norman Mailer **84** The number one fact about the news media is that they love fights. When you give them confrontations you get attention. —Newt Gingrich **85** Justice is a machine that, when someone has once given it the starting push, rolls on of itself. —John Galsworthy **86** When you aim for perfection, you discover it's a moving target. —George Fisher

87 The greatest good you can do for another is not just to share your riches but to reveal to him his own. —Benjamin Disraeli

88 Music can measure how broad our horizons are. My mind wants to see to infinity. —Stevie Wonder

89 Whatever women do they must do twice as well as men to be thought half as good. Luckily, this is not difficult. —Charlotte Whitton

90 How inappropriate to call this planet Earth when clearly it is Ocean. —Arthur C. Clarke

91 You can discover more about a person in an hour of play than in a year of conversation. —Plato

92 Life's but a walking shadow, a poor player that struts and frets his hour upon the stage, and then is heard no more. —William Shakespeare

93 Guilt is the price we pay willingly for doing what we are going to do anyway. —Isabelle Holland

94 I aimed at the public's heart, and by accident I hit it in the stomach. —Upton Sinclair

95 The advance for a book should be at least as much as the cost of the lunch at which it was discussed. —Calvin Trillin

96 If I made "Cinderella," the audience would be looking out for a body in the coach. —Alfred Hitchcock

97 Liberty, when it begins to take root, is a plant of rapid growth. —George Washington

98 Censorship, like charity, should begin at home; but, unlike charity, it should end there. —Clare Boothe Luce

99 If you want work well done, select a busy man; the other kind has no time. —Elbert Hubbard

100 Never insult an alligator
until after you have crossed the river.
—Cordell Hull **101** About the most originality that any
writer can hope to achieve honestly is to steal with good judgment.
—Josh Billings **102** What an author likes to write most is his signature on
the back of a check. —Brendan Francis **103** A rumor without a leg to stand on
will get around some other way. —John Tudor **104** Being given good material is
like being assigned to bake a cake and having the batter made for you.
—Rosalind Russell **105** In the music industry a legend is usually no more than
someone with two consecutive hit singles. —Garry Trudeau **106** Don't condescend to
unskilled labor. Try it for half a day first. —Brooks Atkinson **107** Dogs come when
they're called; cats take a message and get back to you. —Mary Bly **108** My wife said for
our anniversary she wanted to go someplace she'd never been before. I said, "How
'bout the kitchen?" —Rodney Dangerfield **109** The reason grandparents and
grandchildren get along so well is that they have a common enemy. —Sam Levenson
110 Having the critics praise you is like having the hangman say you've got a
pretty neck. —Eli Wallach **111** I would venture to guess that Anon, who
wrote so many poems without signing them, was often a woman.
—Virginia Woolf **112** When it comes to foreign food, the
less authentic the better. —Gerald Nachman

113 What troubles me is not that movie stars run for office, but that they find it easy to get elected. —Shana Alexander

114 Moderation in temper is always a virtue, but moderation in principle is always a vice. —Thomas Paine **115** It is the malady of our age that the young are so busy teaching us that they have no time left to learn. —Eric Hoffer **116** Good communication is as stimulating as black coffee, and just as hard to sleep after. —Anne Morrow Lindbergh **117** There is so much buildup in my oven there is only room to bake a single cupcake. —Phyllis Diller **118** Whoever thinks marriage is a fifty-fifty proposition doesn't know the half of it. —Franklin P. Jones **119** A rose by any other name would smell as sweet, but would not cost half as much during the winter months. —George Ade **120** I have a car that I call Flattery because it gets me nowhere. —Henny Youngman **121** God gave us our memories so that we might have roses in December. —James M. Barrie **122** Man and woman are two locked caskets, of which each contains the key to the other. —Isak Dinesen **123** If you want to kill any idea in the world today, get a committee working on it. —Charles F. Kettering **124** Propaganda is the art of persuading others of what you don't believe yourself. —Abba Eban **125** Life was a lot simpler when what we honored was father and mother rather than all major credit cards. —Robert Orben

126 Opportunities are often things you haven't noticed the first time around. —Catherine Deneuve **127** Gossip is something that no one claims to like—but everybody enjoys. —Joseph Conrad **128** Fruitcake is the only food durable enough to become a family heirloom. —Russell Baker **129** Sleep, riches, and health must be interrupted to be truly enjoyed. —Jean Paul Richter **130** Know yourself. Don't accept your dog's admiration as conclusive evidence that you are wonderful. —Ann Landers **131** Journalism largely consists in saying "Lord Jones is dead" to people who never knew Lord Jones was alive. —G.K. Chesterton **132** Courage is being scared to death— and saddling up anyway. —John Wayne **133** If we cannot put an end to our differences, at least we can help make the world safe for diversity. —John F. Kennedy **134** Once, during Prohibition, I was forced to live for days on nothing but food and water. —W.C. Fields **135** I have already given two cousins to the war and I stand ready to sacrifice my wife's brother. —Artemus Ward **136** To hurry through the rise and fall of a fine, full sentence is like defying the role of time in human life. —Kenneth Clark **137** Writing is easy. All you do is stare at a blank sheet of paper until drops of blood form on your forehead. —Gene Fowler **138** The successful revolutionary is a statesman, the unsuccessful one a criminal. —Erich Fromm

139 While forbidden fruit is said to taste sweeter, it usually spoils faster. —Abigail Van Buren **140** God grants liberty only to those who love it, and are always ready to guard and defend it. —Daniel Webster **141** Love, like restaurant hash or chicken salad, must be taken with blind faith or it loses its flavor. —Helen Rowland **142** An invasion of armies can be resisted, but not an idea whose time has come. —Victor Hugo **143** The more he talked of his honor the faster we counted our spoons. —Ralph Waldo Emerson **144** The first half of our lives is ruined by our parents and the second half by our children. —Clarence Darrow **145** Things should be made as simple as possible, but not any simpler. —Albert Einstein **146** One man practicing sportsmanship is far better than fifty preaching it. —Knute Rockne **147** What this country needs is more unemployed politicians. —Edward Langley **148** Quotations, when engraved upon the memory, give you good thoughts. —Winston Churchill

INDEX